Bee
Abeja
[bii]

Con la pronunciación y ejemplos prácticos

Mi primer
Diccionario
inglés-español

Homework
Tareas
[hóumuok]

Honey
Miel
[háni]

Horse
Caballo
[hors]

Mole
Topo
[móul]

to Go
Ir
[tu góu]

♪ Guitar
Guitarra
[guitár]

Eleonora Barsotti

Index
Índice

A

A/an
[a]/[an]
un/una
A new bike
Una bicicleta
nueva

Adventure
[advénchar]
aventura
An adventure in the jungle
Una aventura en la selva

Air
[er]
aire
I like to play in the open air
Me gusta jugar al aire libre

Airplane
[érplein]
avión
The airplane arrives at 10 o'clock
El avión llega a las 10 en punto

a
b
c
d
g
h
i
j
k
l
m
n
o
p
q
r
s
t
u
v
w
x
y
z

4

Album
[álbum]
álbum
A family album
Un álbum
de familia

Alien
[éilien]
extraterrestre
There is an alien over there!
¡Ahí hay un extraterrestre!

Alphabet
[álfabet]
alfabeto
"A" is the first letter of the alphabet
La «A» es la primera letra del alfabeto

Also
[ólso]
también
I´d like a cup of coffee
and also a croissant
Me gustaría una taza
de café y también un
cruasán

And
[and]
y
You and I are
friends
Tú y yo somos
amigos

Angel
[éinyel]
ángel
You are my angel!
¡Tú eres mi ángel!

Angry
[ángri]
enfadado
He is angry with you
Él está enfadado
contigo

Animal
[ánimal]
animal
The parrot
is a smart
animal
El loro es
un animal
inteligente

Ant
[ant]
hormiga
A little ant
Una pequeña hormiga

Apple
[apl]
manzana
Could you give me an apple, please?
¿Me podrías dar una manzana, por favor?

Apricot
[éipricot]
albaricoque
I really like apricots!
¡Me gustan los albaricoques!

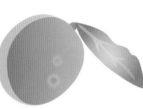

Aquarium
[acuárium]
acuario
My aquarium is full of fish
Mi acuario está lleno de peces

Arm
[arm]
brazo
Look at my arm!
¡Mira mi brazo!

Armchair
[ármcher]
sofá/sillón
I sit down on my armchair
Me siento en mi sofá

Artichoke
[ártichouk]
alcachofa
The artichoke is nutricious
La alcachofa es nutritiva

Artist
[ártist]
artista
My mum is an artist
Mi mamá es una artista

to Ask
[tu ask]

preguntar
Can I ask you something?
¿Te puedo preguntar algo?

Asleep
[aslíp]

dormido
To be asleep
Estar dormido

Astronaut
[ástronaut]

astronauta
I'd like to become an astronaut
Me gustaría ser astronauta

At
[at]

a/en (preposición)
At school
En el colegio

Athletics
[azlétics]

atletismo
I practice athletics every day
Yo practico atletismo todos los días

April Fool's Day

April Fool's Day se celebra el 1 de abril. La gente gasta bromas a sus amigos o cuenta historias increíbles y al final dice "April Fool!", que equivale a nuestro «¡Inocente!». Las bromas terminan a mediodía.

Countries
Países

Russia [rásha]
Rusia

China [cháina]
China

Ukraine [iucréin]
Ucrania

Jamaica [yaméica]
Jamaica

Hungary [hángari]
Hungría

Germany [yérmani]
Alemania

Poland [póuland]
Polonia

Denmark [dénmark]
Dinamarca

Japan [yapán]
Japón

Italy [ítali]
Italia

Argentina
[aryentína]
Argentina

Serbia [sérbia]
Serbia

Australia [ostrélia]
Australia

Finland [fínland]
Finlandia

Morocco [morócou]
Marruecos

Brazil [brásil]
Brasil

Austria [óstria]
Austria

Vietnam [viet-nam]
Vietnam

Iceland [áisland]
Islandia

Latvia [látvia]
Letonia

Montenegro
[montinégro]
Montenegro

Norway [nóruei]
Noruega

Portugal [pórtugal]
Portugal

Mexico [méxicou]
México

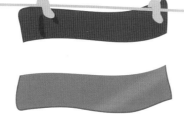

Netherlands [néderlands]
Países Bajos

Greece [gris]
Grecia

Turkey [térki]
Turquía

Switzerland
[suítserland]
Suiza

Israel [ísreil]
Israel

Spain [spéin]
España

Great Britain [gréit britn]
Gran Bretaña

Sweden [suídn]
Suecia

Canada [cánada]
Canadá

France [frans]
Francia

Ireland [áirland]
Irlanda

Belgium [bélyum]
Bélgica

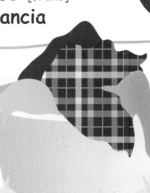

B

Baby
[béibi]
bebé
The baby is sleeping
El bebé está durmiendo

Baby-sitter
[béibi síter]
niñera
I love to play with my baby-sitter
Me encanta jugar con mi niñera

Back
[bak]
espalda
I have to wash my back
Tengo que lavar mi espalda

Bad
[bad]
malo
You are a bad dog!
¡Eres un perro malo!

Bag
[bag]
bolsa
I put the book in my bag
Puse el libro en mi bolsa

Ball
[bol]
pelota
Pass me the ball!
¡Pásame la pelota!

Ballet
[bálei]

ballet
We will dance in a ballet in June
Bailaremos en un ballet en junio

Balloon
[balún]

globo
My balloon is flying in the air
Mi globo está volando en el aire

Banana
[banána]

plátano
Do you want a banana?
¿Quieres un plátano?

Basket
[básket]

cesta
The basket is full of paper
La cesta está llena de papel

Basketball
[básketbol]

baloncesto
I love playing basketball
Me encanta jugar al baloncesto

Bat
[bat]

murciélago
An ugly bat
Un murciélago horrible

Bathroom
[báz-rum]

cuarto de baño

There is a bathtub in the bathroom
Hay una bañera en el cuarto de baño

to Be
[tu bi]

ser

To be a good student
Ser un buen estudiante

Beach
[biich]

playa

Let's go to the beach!
¡Vamos a la playa!

Bean
[bin]

haba

I like to eat bean soup
Me gusta la sopa de habas

Beautiful
[biútiful]

bonito

This flower is very beautiful
Esta flor es muy bonita

Bed
[bed]

cama

You can sleep in my bed
Puedes dormir en mi cama

Bedroom
[bed-rum]

Habitación

Let's play in my bedroom
Vamos a jugar en mi habitación

Bee
[bii]
abeja
I have a bee on my hand
Tengo una abeja en mi mano

Best
[best]
mejor
She is my best friend
Ella es mi mejor amiga

Bicycle
[báisicol]
bicicleta
This is my new bicycle
Esta es mi bicicleta nueva

to Begin
[tu biguín]
comenzar
The fairy tale begins in the castle
El cuento de hadas comienza en el castillo

Big
[big]
grande
The elephant is big
El elefante es grande

Behind
[biháind]
detrás
The dog is behind you
El perro está detrás de ti

Bird
[berd]
pájaro
There is a bird on the tree
Hay un pájaro en el árbol

Bell
[bel]
campana
The bell is ringing
La campana está sonando

Birthday
[bérzday]

cumpleaños
Today is my birthday
Hoy es mi cumpleaños

Blanket
[blánket]

manta
That blanket is
very warm
Esa manta
es muy
cálida

Boat
[bóut]

barco
A pirate's boat
Un barco pirata

Book
[buk]

libro
I am reading an
English book
Estoy leyendo un libro en inglés

Bottle
[bótl]

botella
I buy a bottle of orange
juice
Compro una botella de zumo
de naranja

Boy
[boi]

niño
You are a good boy
Eres un buen niño

Breakfast
[brékfast]

desayuno
It's time for breakfast
Es hora de desayunar

Bridge
[brich]

puente
I have to cross the bridge
Tengo que cruzar el puente

Brother
[bráda]

hermano
I have a little brother
Tengo un hermano pequeño

Butterfly
[báterflai]

mariposa
I have seen a colourful butterfly
He visto una mariposa colorida

Bus
[bas]

autobús
I go to school by bus
Voy a la escuela en autobús

The Big Ben

Big Ben es el nombre de la Torre del reloj (Clock Tower), situada en la esquina del palacio de Westminster de Londres. El carrillón del reloj suena cada cuarto de hora, mientras que el Big Ben da solo las horas en punto y se oye en un radio de 24 km aproximadamente. Desde el jubileo de diamante de la reina Isabel II, también se llama Elizabeth Tower.

a b c d e f g h i j k l m n o p q r s t u v w x y z

The city
La ciudad

Cinema
[sínema]
cine

School bus
[scul bas]
autobús escolar

Hotel
[houtél]
hotel

Restaurant
[réstorant]
restaurante

Zebra crossing
[sçibra crósin]
paso de cebra

Square
[scuér]
plaza

Street
[strit]
calle

Ice-cream
shop
[áiscrim shop]
heladería

Supermarket
[súper-márket]
supermercado

Beach
[biich]
playa

16

Hairdresser
[hérdreser]
peluquería

Toy shop
[toi shop]
juguetería

Fish market
[fish márket]
pescadería

Roof
[ruf]
tejado

Park
[park]
parque

Bakery

Bakery
[béikeri]
panadería

Clothes shop
[clóuzs shop]
tienda de ropa

Taxi
[taxi]
taxi

Parking
[párkin]
aparcamiento

17

g h i j k l m n o p q r s t u v w x y z

C

Cabbage
[cábich]
repollo
I have to buy a cabbage
Tengo que comprar un repollo

Calendar
[cálendar]
calendario
I write my appointments on the calendar
Escribo mis citas en el calendario

Cage
[kéich]
jaula
The bird is in the cage
El pájaro está en la jaula

to Call
[tu col]
llamar
I will call you later
Te llamaré más tarde

Cake
[kéik]
tarta
It's a delicious cake
La tarta es deliciosa

Camera
[cámera]
cámara
I take a photo with the camera
Tomo una foto con la cámara

Can (verb)
[can]

poder
I can dance very well
Puedo bailar muy bien

Cap
[cap]

gorra
Can we buy that green cap?
¿Podemos comprar esa gorra verde?

Car
[car]
coche
I have a toy car
Tengo un coche de juguete

Carrot
[cárrot]

zanahoria
My rabbit loves carrots!
¡A mi conejo le encantan las zanahorias!

Castle
[cásel]

castillo
The princess lives in the castle
La princesa vive en el castillo

Cat
[cat]

gato
I have three cats
Tengo tres gatos

Chair
[cher]

silla
Sit down on the chair!
¡Siéntate en la silla!

a b c d e f g h i j k l m n o p q r s t u v w x y z

Chalk
[chok]
tiza
Use the
chalk
on the
blackboard
Utiliza la tiza en la pizarra

Champion
[chámpion]
campeón
I'm the champion!
¡Soy el campeón!

Cheese
[chis]
queso
I love cheese!
¡Me encanta el queso!

Chicken
[chíken]
pollo
Mum is preparing chicken and chips
Mamá está preparando pollo con patatas

Child
[cháild]
niño
You have a beautiful child
Tienes un niño precioso

Atención al plural:
Children
[chíldren]
niños

Chips
[chips]
patatas fritas
I like chips
Me gustan las patatas fritas

Chocolate
[chócleit]
chocolate
I'd like a chocolate cake
Me gustaría un pastel de chocolate

Christmas
[crísmas]
navidad
Merry Christmas!
¡Feliz Navidad!

Cinema
[sínema]

cine
Let's go to the cinema!
¡Vamos al cine!

Circus
[sércus]

circo
I like going
to the circus
Me gusta ir
al circo

City
[síti]

ciudad
I live in the
centre of the
city
Vivo en el centro de la ciudad

Classroom
[clásrum]

clase
My classroom is very large
Mi clase es muy grande

Clock
[clok]

reloj
Look what time
it is on the
clock
Mira qué hora
es en el reloj

to Close
[tu clóus]

cerrar
Can you close the window?
¿Puedes cerrar la ventana?

Clothes
[clóuzs]

ropa
I'd like to buy some new clothes
Me gustaría comprar algo de ropa nueva

Cloudy
[cláudi]
nublado
Today is cloudy
Hoy está nublado

Clown
[cláun]
payaso
We can see the
clown at the circus
Podemos ver al
payaso en el circo

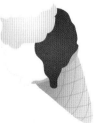
Cold
[cóuld]
frío
This ice-cream is too cold!
¡Este helado está
demasiado frío!

to Come
[tu cam]
venir
Can you come to my house?
¿Puedes venir a mi casa?

Computer
[compiúter]
ordenador
I can use the
computer very well
Puedo usar el
ordenador muy
bien

to Cook
[tu cuk]
cocinar
I'm cooking pizza
for tonight
Estoy
cocinando
pizza para
esta
noche

Cow
[cáu]
vaca
Cows eat grass
Las vacas comen
hierba

Crazy

[crezi]

loco

You look crazy
¡Pareces un loco!

Crocodile

[crócodail]

cocodrilo

I'm scared of crocodiles!
¡Tengo miedo a los cocodrilos!

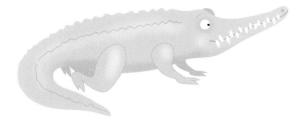

to Cry

[tu crai]

llorar

Why are you crying?
¿Por qué estás llorando?

Cup

[cap]

taza

Can I have a cup of tea?
¿Me puedes dar una taza de té?

Cupboard

[cápbord]

armario

I have a lot of glasses in the cupboard
Tengo un montón de vasos en el armario

to Cut

[tu cat]

cortar

I cut the paper with scissors!
¡Corto el papel con las tijeras!

Black Cabs

Los Black Cabs son los taxis oficiales de Londres y con el tiempo se han convertido en un icono de la capital británica junto con los autobuses rojos. Los Black Cabs son muy cómodos y espaciosos, y como son muy robustos, duran una media de veinte años. Aunque el color típico es el negro, también es posible verlos de otros colores. Los antecesores de los Black Cabs eran los coches de caballos, que empezaron a popularizarse en Londres a principios del siglo XVII.

a b c d e f g h i j k l m n o p q r s t u v w x y z

Prepositions
Preposiciones

On [on]
en

Outside [áoutsaid]
fuera

Between [brtúin]
entre

Under [ánder]
debajo

24

Inside [insáid]
dentro

In front of
[in fron of]
delante de

Next [next]
cerca

Behind [biháind]
detrás

25

D

Dad
[dad]
papá
My dad is very tall
Mi papá es muy alto

to Dance
[tu dans]
bailar
Shall we dance together?
¿Bailamos juntas?

Danger
[dányer]
peligro
Pay attention to danger!
¡Preste atención al peligro!

Date
[déit]
fecha
I wrote the date on the calendar
Anoté la fecha en el calendario

Delicious
[dilíshus]
delicioso
This cake is delicious
El pastel está delicioso

Dentist
[déntist]
dentista
My uncle is a dentist
Mi tío es dentista

Desert
[désert]

desierto
It's hot in the desert
Hace calor en el
desierto

Desk
[desk]

escritorio
The door is next to my desk
La puerta está cerca de mi escritorio

Detective
[ditéktiv]

detective
The detective works
all day
El detective trabaja
todo el día

Diamond
[dáimond]

diamante
The queen has a diamond
crown
La reina tiene una corona de diamantes

Diary
[dáiari]

diario
This is my secret
diary
Este es mi diario
secreto

Different
[díferent]

diferente
That duck is different from the others
Ese pato es diferente a los demás

Difficult
[díficult]

difícil
It's too difficult for me
Es demasiado difícil para mí

Dinner
[díner]
cena
Are you coming to dinner?
¿Vienes a cenar?

Dinosaur
[dáinosor]
dinosaurio
There is a dinosaur skeleton in the museum
Hay un esqueleto de dinosaurio en el museo

to Do
[tu du]
hacer
Do the homework
Hacer los deberes

Doctor
[dóktor]
médico
My doctor is very kind
Mi médico es muy amable

Dog
[dog]
perro
I have a dog
Tengo un perro

Doll
[dol]
muñeca
I sleep with my doll
Yo duermo con mi muñeca

Dolphin
[dólfin]
delfín
I'd like to see a dolphin in the sea
Me gustaría ver un delfín en el mar

Door
[doo]
puerta
There's someone at the door
Hay alguien en la puerta

to Draw
[tu droo]
dibujar
I like to draw pictures
Me gusta dibujar

Dream
[drim]
sueño
My dream is to go to Australia!
¡Mi sueño es ir a Australia!

Dress
[dres]
vestido
I like your new dress
Me gusta tu nuevo vestido

to Drink
[tu drink]
beber
Would you like something to drink?
¿Te gustaría beber algo?

Drum
[dram]
tambor
I can play the drums
Yo puedo tocar los tambores

Duck
[dak]
pato
The duck is swimming on the pond
El pato está nadando en el estanque

a b c d g h i j k l m n o p q r s t u v w x y z

E

Eagle
[íguel]
águila
An eagle is flying in the sky
Un águila está volando en el cielo

Ear
[íar]
oreja
That dog has big ears
Ese perro tiene las
orejas grandes

Earth
[erz]
tierra
The earth revolves around the sun
La tierra gira alrededor del sol

Easter
[íster]
pascua
This Easter egg is for
you!
¡Este huevo de Pascua
es para ti!

to Eat
[tu it]
comer
He is eating a piece of
cake
Él está comiendo un
trozo de
tarta

Egg
[eg]
huevo
I broke some eggs
Rompí algunos
huevos

Elbow
[élbou]
codo
My elbow hurts so much
El codo me duele mucho

Elegant
[élegant]
elegante
You look very elegant this evening
Esta noche estás muy elegante

Elephant
[élefant]
elefante
You can find elephants in India and Africa
Puedes encontrar elefantes en la India y en África

Email
[ímeil]
e-mail
I'll send you an email
Te enviaré un correo electrónico

Empty
[émpti]
vacío
My glass is empty
Mi vaso está vacío

End
[end]
fin/final
This is the end of the movie
Este es el final de la película

English
[ínglish]
inglés
I speak english very well
Yo hablo muy bien inglés

to Enjoy
[tu enyói]

disfrutar
I enjoy playing baseball
Me gusta jugar al béisbol

Entrance
[éntrans]

entrada
Where is the entrance of the station?
¿Dónde está la entrada a la estación?

Escalators
[éscaleitors]

escaleras mecánicas
The escalators go to the second floor
Las escaleras mecánicas van al segundo piso

Evening
[ífnin]

noche
Good evening!
¡Buenas noches!

Every
[évri]

todos
I play the piano every day
Yo toco el piano todos los días

Exam
[exám]

examen
I'm studying for the exam
Estoy estudiando para el examen

Example
[íxampol]

ejemplo
Look at the example in the book!
¡Mira el ejemplo en el libro!

Exercise

[éxersais]

ejercicio

I train with this exercise
Entreno con este ejercicio

Exercise book

[éxersais buk]

cuaderno de ejercicios

Open your exercise book
Abre tu cuaderno de ejercicios

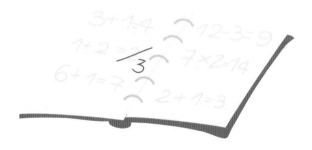

Expensive

[ixpénsiv]

caro

This house is too expensive for us
Esta casa es demasiado cara para nosotros

Eye

[ai]

ojo

Sunglasses protect the eyes
Las gafas de sol protegen los ojos

English Breakfast

El típico desayuno inglés tiene sus orígenes en la Edad Media, con la costumbre que tenían los campesinos de consumir alimentos muy energéticos porque debían levantarse pronto para ir al campo.

El English Breakfast incluye huevos, beicon, salchichas, tomate y alubias, acompañados de pan tostado. En cambio, la versión dulce consiste en tostadas con mantequilla y mermelada, leche, cereales, galletas y tortitas, con té, café o zumo de naranja. Durante la guerra, el desayuno inglés se fue dejando de lado por la escasez de alimentos, pero en la posguerra volvió a la mesa de las familias británicas. Hoy ese desayuno se toma sobre todo los fines de semana. En 2012 se fundó la English Breakfast Society y se creó un protocolo para la colocación de los alimentos en el plato.

Grandfather [grándfada]
abuelo

Cousin [cásn]
primo

Uncle [ánkl]
tío

Aunt [ant]
tía

Cousin [cásn]
prima

The family
La familia

Grandmother [grándmada]
abuela

Father [fáda]
papá

Mother [máda]
mamá

Brother [bráda]
hermano

Me [mi]
yo

Sister [sísta]
hermana

35

F

Face
[féis]
cara
He has a beautiful face
Él tiene una cara bonita

Factory
[fáctori]
fábrica
My father works in a factory
Mi padre trabaja en una fábrica

Fairy
[féri]
hada
The fairy has magical powers
El hada tiene poderes mágicos

to Fall
[tu fol]
caer
In autumn, leaves fall down
En otoño, las hojas caen

Family
[fámili]
familia
I have the best family in the world!
¡Tengo la mejor familia del mundo!

Famous
[féimus]
famoso
She is a famous singer
Ella es una cantante famosa

Fantastic
[fantástic]
fantástico
Wouldn't it be fantastic to see a unicorn?
¿No sería fantástico ver un unicornio?

Farm
[farm]
granja
I live in a farm
Yo vivo en una granja

Fast
[fast]
veloz
Turtles aren't very fast
Las tortugas no son muy rápidas

Father
[fáda]
padre
My father can play the guitar
Mi padre puede tocar la guitarra

Favourite
[féivrit]
favorito
Green is a my favourite colour
El verde es mi color favorito

Film
[film]
película
I like this film very much
Me gusta mucho esta película

to Finish
[tu fínish]
terminar
I have to finish my homework
Tengo que terminar mis deberes

Fire
[fáier]
fuego
We should light the fire
Debemos encender el fuego

a
b
c
d

g
h
i
j
k
l
m
n
o
p
q
r
s
t
u
v
w
x
y
z

First
[ferst]
primero
Today is the first day of school
Hoy es el primer día de clase

Fish
[fish]
pez
I have four fish in my aquarium
Tengo cuatro peces en mi pecera

Flag
[flag]
bandera
The pirate flag is black and white
La bandera pirata es negra y blanca

Flower
[fláua]
flor
I bought some flowers for mum's birthday
Compré flores para el cumpleaños de mi madre

to Fly
[tu flai]
volar
I am flying in the clouds
Estoy volando entre las nubes

Food
[fud]
comida
I'll buy some food at the supermarket
Voy a comprar algo de comida en el supermercado

Foot
[fut]
pie
Look at that foot print!
¡Mira esa huella de pie!

Atención al plural:
Feet
[fiit]
pies

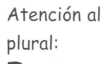

Forest
[fórest]

bosque
You have to pay attention in the forest
Hay que prestar atención en el bosque

Forever
[foréver]

para siempre
I will remember this day forever!
¡Recordaré este día para siempre!

to Forget
[tu forguét]
olvidar
Don't forget to call your mum!
¡No olvides llamar a tu madre!

Fork
[fork]
tenedor
I need a fork to eat pasta
Necesito un tenedor para comer pasta

Fox
[fox]
zorro
The fox has a very soft skin
El zorro tiene una piel muy suave

Fridge
[frich]
nevera
Put the water in the fridge
Pon el agua en la nevera

Friend
[frend]
amigo
You are my best friend!
¡Tú eres mi mejor amigo!

Frog
[frog]
rana
A frog is jumping on the grass
Una rana está saltando en la hierba

From
[from]
de/desde
(preposición)
I come from China
Yo vengo de China

Frozen
[fróusn]
congelado
This is a frozen lollipop
Esto es un polo congelado

Fruit
[frut]
fruta
Fruit is healthy
La fruta es saludable

Frying pan
[fréin pan]
sartén
I need the frying pan to cook pancakes
Necesito la sartén para cocinar panqueques

Full
[ful]
lleno
The basket is full of toys
La cesta está llena de juguetes

Funny
[fáni]
divertido
I will tell you a funny story
Te contaré una historia divertida

G

Game
[guéim]
juego
Do you want to play a game?
¿Quieres jugar a un juego?

Garden
[gárden]
jardín
We have a
tree in the
garden
Tenemos un
árbol en el jardín

to Get up
[tu guet ap]
levantar
I get up at 8
o'clock
Me levanto
a las 8 en
punto

Ghost
[góust]
fantasma
A ghost lives in this
castle
Un fantasma vive
en este castillo

Gift
[guift]
regalo
This gift is
for you
Este regalo
es para ti

Giraffe
[yiráf]
jirafa
The giraffe eats
lots of leaves
La jirafa come
gran cantidad de
hojas

Girl

[guerl]

niña

That girl is running
very fast
Esa niña está corriendo
muy rápido

to Give

[tu guiv]

dar

Can you give me a pencil?
¿Me puedes dar un lápiz?

Glass

[glas]

vaso

Can I have
a glass of
water?
¿Puedo tomar
un vaso
de agua?

Glasses

[glásis]

gafas

Glue

[glu]

pegamento

We need the glue
to fix the toy
Necesitamos
pegamento para
arreglar el juguete

to Go

[tu góu]

ir

I go to school by bus
Voy a la escuela en autobús

Gold

[gold]

oro

This crown is made
of gold
Esta corona está
hecha de oro

Goldfish

[góldfish]

pez de colores

I have to feed my
goldfish
Tengo que dar de
comer a mi pez de
colores

a
b
c

g
h
i
j
k
l
m
n
o
p
q
r
s
t
u
v
w
x
y
z

Good
[gud]
bueno
It´s a good idea to go to the circus
Es una buena idea ir al circo

Goose
[gus]
oca
The goose
laid three
eggs
La oca ha puesto tres huevos

Atención al plural:
Geese
[guis]
ocas

Grapes
[greips]
uvas
My little sister
loves grapes
A mi hermana
pequeña le
encantan
las uvas

Grass
[gras]
hierba
We are sitting on the grass
Estamos sentados en la hierba

Greengrocer
[gríngrouser]
verdulería
There is a greengrocer in our street
Hay una verdulería en nuestra calle

Guitar
[guitár]
guitarra
I play this
song with the
guitar
Toco esta
canción con la
guitarra

Gymnastics
[yimnástics]
gimnasia
Today I have two hours of gymnastics
Hoy tengo dos horas de gimnasia

43

Jobs
Profesiones

Postman [póustman]
cartero

Hairdresser [hérdreser]
peluquera

Doctor [dóktor]
médico

Fireman [fáierman]
bombero

Cook [cuk]
cocinero

Dancer [dánser]
bailarina

Farmer [fármer]
agricultor

Nurse [nérs]
enfermera

Carpenter [cárpenter]
carpintero

Teacher [tícher]
profesora

Musician [miusíshan]
músico

Plumber [plámer]
fontanero

45

H

Hair
[her]
pelo
I have long hair
Tengo el pelo largo

Hairbrush
[hérbrash]
cepillo para el pelo
Take the hairbrush from my bag
Toma el cepillo para el pelo de mi bolsa

Halloween
[halouín]
Halloween
I will wear a witches costume for Halloween
Me pondré un disfraz de bruja en Halloween

Ham
[ham]
jamón
I'd like a ham sandwich
Me gustaría un sándwich de jamón

Hamster
[hámster]
hámster
My hamster is white and brown
Mi hámster es de color blanco y marrón

Hand
[hand]
mano
You have to take my hand!
¡Tienes que tomar mi mano!

Happy
[hápi]
feliz
I'm very happy today
Estoy muy feliz hoy

Hat
[hat]
sombrero
The Royal Guards have strange hats
La Guardia Real tiene sombreros extraños

to Hate
[tu héit]
odiar
I hate vegetables
Odio las verduras

to Have
[tu hav]
tener
I have a parrot
Tengo un loro

Head
[hed]
cabeza
I have a book on my head
Tengo un libro en mi cabeza

Heart
[hart]
corazón
The heart is beating
El corazón está latiendo

Hello
[helóu]
hola
Hello guys!
¡Hola chicos!

to Help
[tu help]
ayudar
I need your help
Necesito tu ayuda

Hippopotamus
[hipopótamus]
hipopótamo
Hippopotamus love to stay in the water
Al hipopótamo le encanta estar en el agua

Hobby
[hóbi]
pasatiempo
My favourite hobby
is fishing
Mi pasatiempo
favorito es la pesca

Holiday
[hólidei]
vacaciones
We are going on a holiday in June
Nos vamos de vacaciones en junio

Home
[hóum]
casa
My home has
four windows
Mi casa tiene
cuatro ventanas

Homework
[hóumuok]
deberes
I do my
homework with
my sister
Hago los
deberes con mi
hermana

Honey
[háni]
miel
Bears love honey
A los osos les encanta la miel

Horse
[hors]
caballo
I can ride a
horse
Puedo
montar a
caballo

48

Hot
[hot]
calor
It's very hot today
Hoy hace mucho calor

Hour
[áua]
hora
The movie lasted
three hours
La película duró tres
horas

Hungry
[hángri]
hambriento
I'm very hungry
Tengo mucha
hambre

Halloween

Halloween es una fiesta muy antigua que se celebra el 31 de octubre, la víspera (Eve) de Todos los Santos (All Saints Day).
Sus orígenes se remontan a la antigua fiesta celta de Samhain, que indicaba el final del verano. Los colores típicos eran el naranja, para conmemorar la siega y el fin del verano, y el negro, que representaba la oscuridad del invierno. Para los pueblos celtas, el 31 de octubre significaba el inicio de la estación más fría y oscura, por lo que en la noche de Halloween, las familias apagaban las chimeneas para que las casas se quedasen frías y no atrajesen a los malos espíritus. Los celtas se reunían a la entrada de los poblados, delante de una gran hoguera, para ahuyentar a los espíritus con las llamas, y también solían disfrazarse de bruja (witch) y demonio (devil).
Actualmente, Halloween se celebra disfrazándose y los niños van de casa en casa para pedir dulces diciendo: «¿truco o trato?» ("trick or treat?").

a
b
c
d
e
f
g
h
i
j
k
l
m
n
o
p
q
r
s
t
u
v
w
x
y
z

I

Ice
[áis]
hielo
A block of ice
Un bloque de hielo

Ice cream
[áiscrim]
helado
I love chocolate ice cream!
¡Me encanta el helado de chocolate!

Idea
[aidía]
idea
It's a good idea
Es una buena idea

Ill
[il]
enfermo
I'm very ill
Estoy muy enfermo

Important
[impórtant]
importante
This is an important date
Esta es una fecha importante

Ingredient
[ingrídient]
ingrediente
List of ingredients
Lista de ingredientes

Insect
[ínsekt]
insecto
You have an insect on the nose
Tienes un insecto en la nariz

50

Inspector
[inspéktor]
inspector
The inspector is doing a research
El inspector está haciendo una investigación

Internet
[ínternet]
internet
I use the internet to find information
Utilizo internet para encontrar información

Invention
[invénshon]
invención
The clock is a useful invention
El reloj es una invención útil

Invisible
[invísibl]
invisible
Ghosts are invisible
Los fantasmas son invisibles

to Invite
[tu inváit]
invitar
I'd like to invite you to my party
Me gustaría invitarte a mi fiesta

Iron
[áiron]
plancha
The iron is on the table
La plancha está sobre la mesa

Island
[áiland]
isla
I'd like to live on a desert island
Me gustaría vivir en una isla desierta

Eyebrow [áibrou]
ceja

Nose [nóus]
nariz

Ear [iar]
oreja

Tooth [tuz]
diente

Tongue [tong]
lengua

Mouth [máuz]
boca

Eye [ai]
ojo

Hair [her]
pelo

Chin [chin]
barbilla

The body
El cuerpo

Leg [leg]
pierna

Foot [fut]
pie

Head [hed]
cabeza

Arm [arm]
brazo

Knee [ni]
rodilla

Back [bak]
espalda

J

Jacket
[yáket]
chaqueta
I have a red jacket
Tengo una chaqueta roja

Jaguar
[yáguar]
jaguar
The jaguar is a very fast animal
El jaguar es un animal muy rápido

Jam
[yam]
mermelada
I eat jam at breakfast
Como mermelada en el desayuno

Jeans
[yins]
pantalones vaqueros
Jeans are famous all over the world
Los pantalones vaqueros son famosos en
todo el mundo

Jewel
[yúel]
joya
These jewels are
really expensive
Estas joyas son muy caras

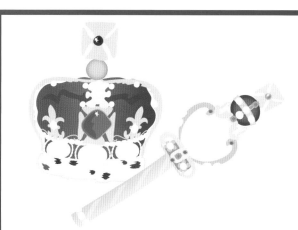

Crown Jewels

The Crown Jewels, es decir, las joyas de
la Corona, son todas las joyas, accesorios y
armas que lleva el soberano del Reino Unido
durante su coronación y otras ceremonias
oficiales.
La colección incluye tanto las joyas del
rey, como las de la reina y el príncipe
heredero. Las joyas de la Corona, que
todavía utiliza la familia real inglesa,
se custodian en la Torre de Londres
desde 1303, fecha en que fueron robadas
de la abadía de Westminster, aunque
después las recuperaron.

Joke
[yóuk]
broma
I like telling jokes
Me gusta contar bromas (chistes)

Job
[yob]
trabajo
I have a job in
an office
Tengo un
trabajo en una
oficina

Juice
[yus]
zumo
I like orange juice
Me gusta el zumo de naranja

Jungle
[yánguel]
selva
The toucan lives in the jungle
El tucán vive en la selva

Jack O' Lantern

El símbolo más famoso de Halloween
es la calabaza con una cara terrorífica
tallada, iluminada desde dentro
por una vela. Este símbolo tiene su
origen en la leyenda de Jack, un
irlandés borrachín al que una noche
de Halloween se le apareció el Diablo
para robarle el alma. Diciéndole que le
daría el alma a cambio de una última
voluntad, Jack engañó al Diablo para
que se convirtiera en una moneda, que
rápidamente recogió y se guardo en el
bolsillo. Entonces le ofreció un trato
nuevo: lo liberaría a condición de que él
lo dejara en paz durante diez años.
Diez años después, el Diablo volvió a
aparecer, pero Jack consiguió librarse
de él con una nueva estratagema y le
hizo prometer que no le atormentaría
nunca más. Cuando Jack murió, no le
aceptaron en el Cielo por su vida llena
de pecado, pero también le rechazaron
en el Infierno por haber ofendido
al Diablo, así que quedó condenado a
vagar por la oscuridad del limbo con un
ascua para iluminar su camino.
Ahora, Halloween se celebra
exhibiendo calabazas iluminadas
que recuerdan a Jack vagando en la
oscuridad con su linterna.

a
b
c
d
e
f
g
h
i
j
k
l
m
n
o
p
q
r
s
t
u
v
w
x
y
z

Kangaroo
[cangarú]

canguro
Kangaroos like to jump
A los canguros les gusta saltar

Key
[ki]

llave
Remember to take the keys
Recuerda llevar las llaves

King
[king]

rey
The king has a treasure
El rey tiene un tesoro

Kiss
[kis]

beso
I send you a kiss
Te mando un beso

Kitchen
[kítchen]

cocina
I'm cooking in the kitchen
Estoy cocinando en la cocina

Kite
[cáit]

cometa
I play with my kite
Juego con mi cometa

Kitten
[kítn]
gatito
My kitten plays with a ball of wool
Mi gatito juega con un ovillo de lana

Kiwi
[kíui]
kiwi
Kiwis are green
Los kiwis son verdes

Knee
[ni]
rodilla
I protect my knees
Protejo mis rodillas

Knife
[náif]
cuchillo
Use the knife to cut the meat!
¡Usa el cuchillo para cortar la carne!

to Know
[tu nou]
conocer/saber
I know the name of that animal
Conozco el nombre de aquel animal

Kilt

El kilt es una indumentaria masculina, similar a una falda, que se ha convertido en un símbolo tradicional de las Highlands, la región montañosa de Escocia. El kilt escocés se fabrica con una tela de cuadros de colores que se denomina tartán. Cada familia, llamada Clan por los escoceses, tiene un tartán que la identifica y pueden llevar todos sus miembros. Hoy en día, los escoceses usan esta indumentaria en ceremonias oficiales, festividades y bodas. Actualmente, existen miles de variedades de tartán registradas por la entidad oficial encargada de registrar tartans en Escocia, la Scottish Register of Tartans.

Present Simple
presente simple
to Be

Positive (afirmativo)

Negative (negativo)

I am	yo soy	I am not	yo no soy
You are	tú eres	You are not	tú no eres
He is	él es	He is not	él no es
She is	ella es	She is not	ella no es
It is	esto es	It is not	esto no es
We are	nosotros somos	We are not	nosotros no somos
You are	vosotros sois	You are not	vosotros no sois
They are	ellos son	They are not	ellos no son

Interrogative (interrogativo)

Am I?	¿soy yo?
Are you?	¿eres tú?
Is he?	¿es él?
Is she?	¿es ella?
Is it?	¿es eso?
Are we?	¿somos nosotros?
Are you?	¿sois vosotros?
Are they?	¿son ellos?

to Have

Positive (afirmativo)

I have	yo tengo		
You have	tú tienes		
He has	él tiene		
She has	ella tiene		
It has	esto tiene		
We have	nosotros tenemos		
You have	vosotros tenéis		
They have	ellos tienen		

Negative (negativo)

I have not	yo no tengo
You have not	tú no tienes
He has not	él no tiene
She has not	ella no tiene
It has not	esto no tiene
We have not	nosotros no tenemos
You have not	vosotros no tenéis
They have not	ellos no tienen

Interrogative (interrogativo)

Have I?	¿tengo yo?
Have you?	¿tienes tú?
Has he?	¿tiene él?
Has she?	¿tiene ella?
Has it?	¿tiene eso?
Have we?	¿tenemos nosotros?
Have you?	¿tenéis vosotros?
Have they?	¿tienen ellos?

L

Ladybug
[léidibag]

mariquita

The ladybug is red and black
La mariquita es de color rojo y negro

Lake
[leik]

lago

There's a boat in the lake
Hay un bote en el lago

Lamp
[lamp]

lámpara

I have a lamp on the bedside
Yo tengo una lámpara al lado de la cama

Late
[leit]

tarde

It´s too late to eat cookies
Es demasiado tarde para comer galletas

Leaf
[lif]

hoja

Leaves fall in autumn
Las hojas caen en otoño

Atención al plural:

Leaves [livs]
hojas

Left
[left]

izquierda

I have to turn left
Tengo que girar a la izquierda

Leg
[leg]

pierna

I have a bandage on my leg
Tengo un vendaje en mi pierna

Lemon
[lémon]
limón
I have a lemon in the fridge
Tengo un limón en la nevera

Leopard
[lépard]
leopardo

Leopards look like cats
Los leopardos parecen gatos

Letter
[léter]
carta
The postman brings us letters
El cartero nos trae cartas

Lettuce
[léchas]
lechuga
I'd like a lettuce, please
Quisiera una lechuga, por favor

Light
[lait]
luz
Switch on the light, please
Enciende la luz, por favor

to Like
[tu laik]
gustar
I like chocolate
Me gusta el chocolate

Lion
[láion]
león
The lion is the king of the forest
El león es el rey de la selva

to Listen
[tu lísen]
escuchar
I'm listening to music on the stereo
Estoy escuchando música en la radio

Little
[lítel]
pequeño
My little sister is
two years old
Mi hermana
pequeña
tiene dos
años

to Live
[tu liv]
vivir
I live in a big house with a garden
Vivo en una casa grande con jardín

Living room
[lívin rum]
salón
I have a TV in my living room
Tengo una televisión en mi salón

to Look
[tu luk]
mirar
Look at me!
¡Mírame!

to Look for
[tu luk for]
buscar

to Look like
[tu luk laik]
parece

62

to Love
[tu lav]
amar/querer/adorar
I love singing
Adoro cantar

Lunch
[lanch]
almuerzo
I will cook something
for lunch
Cocinaré algo para el
almuerzo

Lucky
[láki]
afortunado/
suerte
He is lucky because he
won the lottery
Tiene suerte porque ganó
la lotería

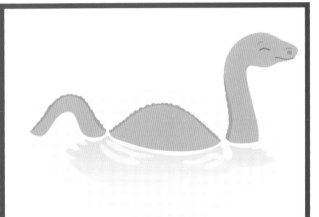

Luggage
[láguich]
equipaje
I lost my luggage in the airport
Perdí mi equipaje en el aeropuerto

Loch Ness Monster

La leyenda del monstruo del lago
Ness cuenta que en ese lago de
Escocia vive una criatura misteriosa
descrita como un enorme dinosaurio
que nada en las gélidas aguas
del lago.
El primer avistamiento del
monstruo, a quien los lugareños
llaman Nessie, se produjo en el
año 565, y con el paso de los siglos
lo han visto muchas personas
diferentes. Sin embargo, se
considera que estos avistamientos
no demuestran la verdadera
existencia de Nessie.

M

Magician
[mayíshan]
mago
The story is about a magician
La historia es sobre un mago

to Make
[tu meik]
hacer/ preparar
I'm making a cake for you
Estoy haciendo una tarta para ti

Man
[man]
hombre
A man is crossing the street
Un hombre está cruzando la calle

Map
[map]
mapa
I'm looking at the map to find the camp
Estoy mirando el mapa para encontrar el campamento

Market
[márket]
mercado
We can buy fruits at the market
Podemos comprar frutas en el mercado

Mask
[mask]
máscara
I need a mask for the carnival
Necesito una máscara para el carnaval

64

Maths
[mazs]
matemáticas
I'm very good in maths
Soy muy bueno en matemáticas

Meal
[mil]
comida
This meal is delicious
Esta comida está deliciosa

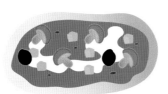

Meat
[mit]
carne
Can I have meat with peas?
¿Me puedes dar carne con guisantes?

to Meet
[tu mit]
encontrar
Let's meet at the park
Encontrémonos en el parque

Milk
[milk]
leche
I drink milk for breakfast
Yo bebo leche en el desayuno

Mirror
[mírror]
espejo
Don't break the mirror!
¡No rompas el espejo!

Mole
[móul]
topo
The mole lives underground
El topo vive bajo tierra

Money
[máni]
dinero
I save money to buy me a car
Ahorro dinero para comprarme un coche

The colors
los colores

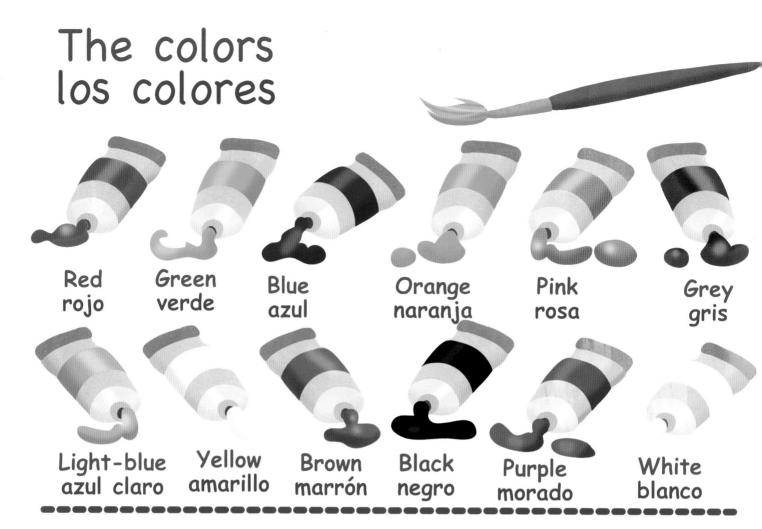

Red
rojo

Green
verde

Blue
azul

Orange
naranja

Pink
rosa

Grey
gris

Light-blue
azul claro

Yellow
amarillo

Brown
marrón

Black
negro

Purple
morado

White
blanco

Seasons of the year   Estaciones del año

Spring   primavera

Summer   verano

Autumn   otoño

Winter   invierno

January enero

February febrero

March marzo

April abril

May mayo

June junio

July julio

August agosto

September septiembre

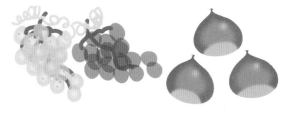

October octubre

November noviembre

December diciembre

Monkey
[mánki]
mono
Monkeys love
bananas
A los monos
les encantan los
plátanos

Moon
[mun]
luna
There is a
full moon
tonight
Esta noche hay luna
llena

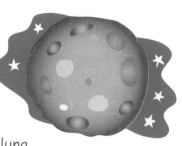

Morning
[mórnin]
mañana
It's sunny this
morning
La mañana está
soleada

Mother
[máda]
madre
These are my mother's
shoes
Estos son los zapatos de
mi madre

Mountain
[máuntin]
montaña
There's snow on the mountain
Hay nieve en la montaña

Mouse
[máus]
ratón
The mouse eats
lots of cheese
El ratón come
mucho queso

Atención al plural:
Mice [máis]
ratones

Mouth
[máuz]
boca
We have the
toungue in the
mouth
Tenemos la lengua
en la boca

Mud
[mad]

barro
The pig is in
the mud
El cerdo está
en el barro

Museum
[miusíum]

museo
Our teacher takes us to the museum
Nuestro profesor nos lleva al museo

Mushroom
[máshrum]

seta
We go in the woods
to find mushrooms
Vamos al bosque
para buscar setas

Music
[miúsic]

música
She's listening to music on the bed
Ella está escuchando música en la cama

May Day

La fiesta del Primero de Mayo surgió
originalmente para celebrar
el 121.° día del calendario gregoriano.
En Inglaterra se celebraba la fiesta
romana de las flores, que señalaba el
inicio del verano. Ese día se bailaba
alrededor del tronco de un árbol una
danza llamada Maypole dancing, se
decoraban las casas, los niños y las
jóvenes se ponían una guirnalda de
flores y también se gastaban bromas.
Durante la «Maypole dancing» se
danzaba alrededor de un palo o
tronco del que colgaban cintas de
colores. Cada bailarín cogía una cinta
con la mano, creando figuras y giros
coreográficos llenos de color.

N

Name
[néim]
nombre
My name is
Lisa
Mi nombre es
Lisa

to Need
[tu nid]
necesitar
I need a new bag
Necesito un bolso nuevo

Nest
[nest]
nido
There is a bird in the nest
Hay un pájaro en el nido

New
[niú]
nuevo
Do you like my new
dress?
¿Te gusta mi vestido
nuevo?

Newspaper
[niuspéiper]
periódico
My dad reads the
newspaper every day
Mi padre lee el
periódico todos los
días

Nice
[nais]
agradable/
bonito
This crab is very
nice
Este cangrejo es
muy bonito

Night
[nait]
noche
Good night!
¡Buenas noches!

Nose
[nóus]
nariz
The witch has a very big nose
La bruja tiene una nariz muy grande

Now
[náu]
ahora
We should study now
Debemos estudiar ahora

Number
[námber]
número
Can you give me your telephone number?
¿Me puedes dar tu número de teléfono?

Nurse
[ners]
enfermera
The nurse works in the hospital
La enfermera trabaja en el hospital

Nut
[nat]
nuez
Squirrels love nuts
A las ardillas les encantan las nueces

Bonfire Night

Bonfire Night es una fiesta muy antigua que se celebra cada 5 de noviembre en el Reino Unido y las ex colonias británicas. Ese día se conmemora el fracaso de la «Conspiración de la Pólvora»: el 5 de noviembre de 1605, un grupo de católicos oprimidos intentó volar el palacio de Westminster. Todos los años, se celebra con fuegos artificiales y hogueras en las que se queman muñecos que representan a los conspiradores.

a b c d e f g h i j k l m n o p q r s t u v w x y z

O

Ocean
[óushan]
océano
There is a lot of fish in the ocean
Hay un montón de peces en el océano

Octopus
[óktopus]
pulpo
The octopus has eight tentacles
El pulpo tiene ocho tentáculos

Of
[of]
de (preposición)
I drink a cup of tea
Bebo una taza de té

Office
[ófis]
oficina
Mum goes to the office by scooter
Mi madre va a la oficina en moto

Often
[ófen]
a menudo
I often play with my friend
Yo juego con mi amiga a menudo

Old
[óuld]
viejo
This is my old sofa
Este es mi viejo sofá

On
[on]
en
(preposición)
The cat is on the chair
El gato está en la silla

Onion
[ónion]
cebolla
Onions make me cry
La cebolla me hace llorar

to Open
[tu óupen]
abrir
Can you open the door?
¿Puedes abrir la puerta?

Or
[or]
o
Do you prefer cats or dogs?
¿Qué prefieres, gatos o perros?

Orange
[órinch]
naranja
I drink orange juice every day
Bebo zumo de naranja todos los días

Orchestra
[órkestra]
orquesta
I play the violin in an orchestra
Toco el violín en una orquesta

to Order
[tu órda]
pedir/ ordenar
I'd like to order a pizza
Me gustaría pedir una pizza

Ostrich
[óstrich]
avestruz
Ostrich can run very fast
El avestruz puede correr muy rápido

Other
[áda]
otro
I rode a taxi the other day
El otro día tomé un taxi

Out
[áut]
fuera
Let's go out!
¡Salgamos fuera!

Outdoor
[áutdoo]
al aire libre
We can go for a walk outdoors
Podemos ir a dar un paseo al aire libre

Oven
[avn]
horno
I cook the chicken in the oven
Cocino el pollo en el horno

Owl

[ául]

búho

The owl doesn't sleep at night

El búho no duerme por la noche

Owner

[óuna]

dueño

I'm the owner of this bike
Soy el dueño de esta bici

Oyster

[óista]

ostra

There is a pearl in the oyster
Hay una perla en la ostra

Oxbridge

El término «Oxbridge» se utiliza para referirse de forma colectiva a las universidades de Oxford y Cambridge, conocidas en todo el mundo por su prestigio.

Ambas universidades son las más antiguas de Inglaterra, con más de 750 años de historia, y hasta el año 1800 fueron las únicas del país. Las dos cuentan con una organización similar y nacieron de la «asociación» de varios colegios. La rivalidad entre ellas se remonta a 1209, cuando un grupo de antiguos alumnos de la universidad de Oxford fundó la de Cambridge.

El término «Oxbridge» también surgió para resaltar otra rivalidad que existe entre las dos universidades desde el siglo XIX: la regata Oxford-Cambridge, que se celebra desde 1829, y el Varsity Match, un importante partido de rugby.

Roof
tejado

Attic
ático

Master bedroom
dormitorio principal

Bathroom
baño

Hall
entrada

kitchen cocina

76

Study
sala de estudio

Bedroom
dormitorio

Dining-room
comedor

Living-room
salón

P

Page
[péich]
página
I turn the page
Doy vuelta a la página

to Paint
[tu peint]
pintar
I paint very well
Pinto muy bien

Palace
[pálas]
palacio
The princess lives in a palace
La princesa vive en un palacio

Pancake
[pánkeik]
tortita/panqueque
The pancake is an american food
El panqueque es una comida americana

Panda
[pánda]
panda
The panda is black and white
El panda es de color negro y blanco

Paper
[péiper]
papel
I made this with paper
Hice esto con papel

Park
[park]
parque
I am sitting on a bench in the park
Me siento en un banco del parque

Party
[párti]
fiesta
It's a fantastic party!
¡Es una fiesta fantástica!

Peach
[pich]
melocotón
There is a peach tree in my garden
Hay un melocotonero en mi jardín

Pear
[per]
pera
I prefer pear over apples
Prefiero la pera a las manzanas

Pen
[pen]
pluma
I need a pen to do the exercise
Necesito una pluma para hacer el ejercicio

Pencil
[pénsil]
lápiz
I have a new box of colour pencils
Tengo una caja nueva de lápices de colores

Penguin
[péngüin]
pingüino
Penguins live in icy places
Los pingüinos viven en lugares helados

People
[pípol]

gente
There are
a lot of people
in the square
Hay mucha
gente en la
plaza

Photo
[fóuto]

fotografía
You look like an
actress in this
photo
Pareces una actriz
en esta fotografía

Perfume
[pérfium]

perfume
This is a new
bottle of perfume
Este es el nuevo
frasco de perfume

Nº5

Piano
[piano]

piano
It's difficult to play the piano
Es difícil tocar el piano

Pet shop
[pet shop]

tienda de animales
Can we go to the pet shop?
¿Podemos ir a la tienda de animales?

Phone
[fóun]

teléfono
You can use my phone
to call your mum
Puedes usar mi
teléfono para llamar a
tu madre

Pig
[pig]

cerdo
That pig is
a bit dirty
Ese cerdo está
un poco sucio

Pillow

[pílou]

almohada

I use a pillow to sleep

Yo uso una almohada para dormir

Pineapple

[páianpl]

piña

The pineapple is an exotic fruit

La piña es una fruta exótica

Plant

[plant]

planta

Plants need water

Las plantas necesitan agua

to Play

[tu plei]

jugar

I love to play chess

Me encanta jugar al ajedrez

Police

[polís]

policía

Let's call the police!

¡Llamemos a la policía!

Pond

[pond]

estanque

There's a frog in the pond

Hay una rana en el estanque

Poor

[pur]

pobre

That man is very poor

Ese hombre es muy pobre

Potato

[potéito]

patata

Potatoes grow in the ground

Las patatas crecen en la tierra

a b c d e f g h i j k l m n o p q r s t u v w x y z

to Prefer
[tu prifér]
preferir
I prefer to read than to watch a movie
Prefiero leer a ver una película

to Prepare
[tu pripér]
preparar
I will prepare a sandwich for lunch
Me prepararé un sándwich para el almuerzo

Present
[présent]
regalo
This present is for you
Este regalo es para ti

Pretty
[príti]
bonito
You have a pretty dog
Tienes un perro bonito

Price
[práis]
precio
The price is too high
El precio es demasiado alto

Princess
[prínses]
princesa
The princess is wearing a pink dress
La princesa lleva un vestido rosa

Prize
[práids]
premio
I won a fantastic prize
Gané un premio fantástico

Pumpkin
[pámpkin]
calabaza
The pumpkin is big and orange
La calabaza es grande y naranja

Puppy

[pápi]

cachorro

Puppies like to play together
A los cachorros les gusta jugar juntos

to Put

[tu put]

poner

I put the diary in the bag
Puse el diario en la bolsa

Pyjamas

[piyámas]

pijama

I wear my pyjamas every night
Me pongo mi pijama cada noche

Pancake Day

Pancake Day se celebra en Estados Unidos el martes de Carnaval. En esta fiesta hay auténticas competiciones entre familias, cuyos miembros deben correr con una sartén que contiene una tortita.

Pyramid

[píramid]

pirámide

There's a famous pyramid in Egypt
Hay una pirámide famosa en Egipto

Parks of London

Los parques de Londres son una de las atracciones más bellas de la ciudad, tanto para los turistas como para los londinenses. Hay unos sesenta parques repartidos por toda la capital. Uno de los más famosos es St. James's Park, que está lleno de flores y árboles y tiene un lago con patos. Al norte del parque queda The Mall, el paseo que conduce a Buckingham Palace. En el centro de Londres hay otros parques: Hyde Park, con su famoso lago The Serpentine; Kensington Gardens, que rodean Kensington Palace, la residencia de algunos miembros de la familia real; Regent's Park, donde se encuentra Queen Mary's Gardens, lleno de flores, un teatro al aire libre, y el famoso London Zoo.
Es imposible describir todos los parques, pero si vas a Londres, no te olvides de visitarlos.

Musical instruments
instrumentos musicales

Piano
piano

Guitar
guitarra

Trumpet
trompeta

Violin
violín

Cello
violonchelo

Flute
flauta

84

Puppy
[pápi]
cachorro
Puppies like to play together
A los cachorros les gusta jugar juntos

to Put
[tu put]
poner
I put the diary in the bag
Puse el diario en la bolsa

Pyjamas
[piyámas]
pijama
I wear my pyjamas every night
Me pongo mi pijama cada noche

Pyramid
[píramid]
pirámide
There's a famous pyramid in Egypt
Hay una pirámide famosa en Egipto

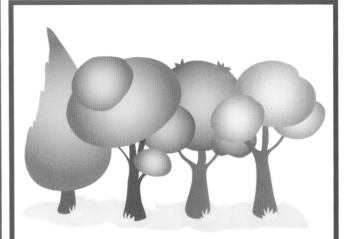

Parks of London

Los parques de Londres son una de las atracciones más bellas de la ciudad, tanto para los turistas como para los londinenses. Hay unos sesenta parques repartidos por toda la capital. Uno de los más famosos es St. James's Park, que está lleno de flores y árboles y tiene un lago con patos. Al norte del parque queda The Mall, el paseo que conduce a Buckingham Palace. En el centro de Londres hay otros parques: Hyde Park, con su famoso lago The Serpentine; Kensington Gardens, que rodean Kensington Palace, la residencia de algunos miembros de la familia real; Regent's Park, donde se encuentra Queen Mary's Gardens, lleno de flores, un teatro al aire libre, y el famoso London Zoo.
Es imposible describir todos los parques, pero si vas a Londres, no te olvides de visitarlos.

Pancake Day

Pancake Day se celebra en Estados Unidos el martes de Carnaval. En esta fiesta hay auténticas competiciones entre familias, cuyos miembros deben correr con una sartén que contiene una tortita.

Musical instruments
instrumentos musicales

Piano
piano

Trumpet
trompeta

Guitar
guitarra

Violin
violín

Cello
violonchelo

Flute
flauta

Clothes
Ropa

Shirt
camisa

Hat
gorro

Pyjamas
pijama

Coat
abrigo

Bomber jacket
cazadora

Jumper
jersey

Jeans
pantalón vaquero

Dress
vestido

T-shirt
camiseta

Q

to Quack
[tu cuak]

graznar
A duck is quacking over there
Un pato grazna por allí

Quantity
[cuántiti]

cantidad
Put the right quantity of flour!
¡Pon la cantidad adecuada de harina!

Queen
[cuin]

reina
God save the queen!
¡Dios salve a la reina!

Question
[cuéshon]

pregunta
I have a question for you
Tengo una pregunta para ti

Question mark
[cuéshon marc]

signo de interrogación
Put the question mark at the end of the sentence!
¡Pon el signo de interrogación al final de la oración!

Queue
[kiú]

fila
There's a long queue to pay the bill
Hay una fila larga para pagar la factura

Quick

[cuík]

rápido

The rabbit is quick finding carrots
El conejo es rápido encontrando zanahorias

Quicksand

[cuíksand]

arenas movedizas

Quicksand are very dangerous
Las arenas movedizas son muy peligrosas

Quiet

[cuáiet]

tranquilo/callado

The sea is very quiet today
El mar está muy tranquilo hoy

Quiz

[cuis]

examen/concurso

I will participate in a television quiz
Participaré en un concurso de televisión

Queen Victoria

Célebre reina del Imperio Británico, que reinó durante sesenta y tres años y medio en el siglo XIX. Fue una reina muy querida por sus súbditos y durante su reinado se introdujeron muchos cambios sociales y económicos.
En 1851, Londres albergó la primera Exposición Universal, organizada por el príncipe consorte Albert. La exposición tuvo un gran éxito y con el dinero recaudado la reina hizo construir el museo de South Kensington.
Su reinado, el más largo de la historia británica, se conoce como «época victoriana».

a b c d e f g h i j k l m n o p q r s t u v w x y z

Rabbit
[rábit]
conejo
Rabbits like carrots very much
A los conejos les gusta mucho las zanahorias

Racket
[ráket]
raqueta
I play tennis with my racket
Yo juego al tenis con mi raqueta

Railway
[réiluei]
ferrocarril
The railway station is near the post office
La estación de ferrocarril está cerca de la oficina de correos

Rain
[rein]
lluvia
Wear you raincoat if you go out in the rain
Usa impermeabe si sales a la lluvia

to Rain
[tu rein]
llover
It´s rainning
Está lloviendo

Rainbow
[réinbou]
arcoíris
Rainbow is beautiful
El arcoíris es muy bonito

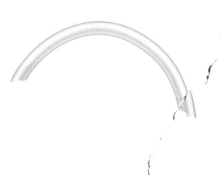

to Read
[tu rid]
leer
I'm reading the recipe
to make the cake
Estoy leyendo la receta
para hacer
una tarta

Ready
[rédi]
listo
The table is ready for lunch
La mesa está lista para el almuerzo

Really
[ríli]
realmente
He is really excited to go on the trip
Él está realmente emocionado de ir al
viaje

to Relax
[tu riláx]
relajar
She likes to
relax on the
beach
A ella le gusta
relajarse en la
playa

Remote
control
[rimóut contról]
mando a
distancia
I change the channels using
the remote control
Cambio los canales con el mando a
distancia

to Repeat
[tu ripít]
repetir
Can you
repeat it,
please?
¿Puedes
repetirlo,
por favor?

Rhino
[ráino]

rinoceronte
Rhinos are big and grey
El rinoceronte es grande y gris

Rhythm
[rídm]

ritmo
Follow the rhythm!
¡Sigue el ritmo!

Rice
[ráis]

arroz
Chinese people eat a lot of rice
Los chinos comen mucho arroz

Rich
[rich]

rico
He's rich because he found a treasure
Es rico porque encontró un tesoro

Right
[ráit]

derecha
I have to turn right
Tengo que girar a la derecha

Ring
[ring]

anillo
This ring is made of gold
Este anillo es de oro

River
[ríver]

río
There is a river near the camping
Hay un río cerca del camping

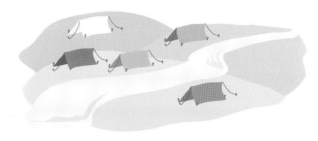

Road
[róud]

carretera
There are a lot of cars on the road
Hay muchos coches en la carretera

Roller blades
[róler bléids]
patín en línea
I have new roller blades
Tengo patines nuevos

Room
[rum]
habitación
There are a lot of plants in this room
En esta habitación hay muchas plantas

Rope
[róup]
cuerda
I love jumping rope
Me encanta saltar con la cuerda

Rose
[róus]
rosa
My favourite flower is the rose
Mi flor favorita es la rosa

Rubber
[ráber]
goma/borrador
Can you pass me the rubber?
¿Me puedes pasar la goma?

Ruler
[rúler]
regla
I draw a line with the ruler
Dibujo una línea con la regla

to Run
[tu ran]
correr
I'm running to win the race
Estoy corriendo para ganar la carrera

Red Bus

Los Red Buses son uno de los símbolos de la ciudad de Londres.

Para los turistas, el Red Bus es un buen medio para visitar la ciudad, aunque no es uno de los transportes más utilizados por los londinenses, que prefieren la rapidez del metro.

S

Sad
[sad]
triste
I am so sad!
¡Estoy tan triste!

Salad
[sálad]
ensalada
I like salad with tuna
Me gusta la ensalada con atún

Salt
[salt]
sal
I put salt in the soup
Puse sal en la sopa

Sand
[sand]
arena
I'm building a sand castle
Estoy haciendo un castillo de arena

Sandwich
[sángüich]
sándwich
Do you want a sandwich?
¿Quieres un sándwich?

Sausage
[sósich]
salchicha
I put a sausage on the grill
Puse una salchicha en la parrilla

School
[scul]
colegio
My school has a red roof
Mi colegio tiene el tejado rojo

Scissors
[sísors]
tijeras
I need the scissors to cut the paper
Necesito las tijeras para cortar el papel

Sea
[si]

mar
The seagull is
flying over the sea
La gaviota está volando
sobre el mar

to See
[tu si]

ver
I can't see very well without sunglasses
No puedo ver muy bien sin gafas de sol

to Send
[tu send]

enviar
I send a letter everyday
Envío una carta cada día

Serious
[sírius]

serio
Your dad is very serious at work
Tu padre es muy serio en el trabajo

Shadow
[shádou]

sombra
Look at that shadow!
¡Mira esa sombra!

Shark
[shak]

tiburón
Sharks are very dangerous
Los tiburones son muy peligrosos

a
b
c
d
g
h
i
j
k
l
m
n
o
p
q
r
s
t
u
v
w
x
y
z

Sheep
[shiip]

oveja
The dog looks after the sheep
El perro cuida a las ovejas

Ship
[ship]

barco
The ship is in the port
El barco está en el puerto

Shoe
[shu]

zapato
Put on the other shoe!
¡Ponte el otro zapato!

Shop
[shop]

tienda
In this shop you can find different types of toys
En esta tienda puedes encontrar diferentes tipos de juguetes

94

Shoulder
[shóulder]

hombro
I will put the schoolbag on my shoulders
Pondré la mochila sobre mis hombros

Shower
[sháua]

ducha
I take a shower everyday
Yo me ducho todos los días

Shy
[shai]

tímido
My sister is very shy
Mi hermana es muy tímida

Sick
[sik]

enfermo
I'm very sick and I can't go out
Estoy muy enfermo y no puedo salir

Silver
[sílver]
plata
This is a silver necklace
Este es un collar de plata

to Sing
[tu sing]
cantar
I like to sing with my teacher
Me gusta cantar con mi profesora

Sink
[sink]
lavabo
I wash my hands on the sink
Me lavo las manos en el lavabo

Skeleton
[skéleton]
esqueleto
I will wear a skeleton costume on Halloweeen
Me pondré un disfraz de esqueleto en Halloween

to Ski
[tu ski]
esquiar
I go to ski every winter
Yo esquío todos los inviernos

Skirt
[skert]
falda
Do you like my green skirt?
¿Te gusta mi falda verde?

Sky
[skai]
cielo
There are a lot of clouds in the sky
Hay una gran cantidad de nubes en el cielo

to Sleep
[tu slip]
dormir
I sleep with my teddy bear
Yo duermo con mi osito de peluche

Slide
[sláid]
tobogán
We play on
the slide
Jugamos en
el tobogán

Small
[smol]
pequeño
I found a small mushroom
Encontré una seta pequeña

Snail
[sneil]
caracol
That snail is on a leaf of lettuce
Ese caracol está en una hoja de lechuga

Snake
[sneik]
serpiente
There is a snake on the grass
Hay una serpiente en la hierba

to Snow
[tu snóu]
nevar
It's snowing today
Está nevando hoy

snowman
[snóuman]
muñeco de nieve

Son
[san]
hijo
My son has red
hair
Mi hijo es
pelirrojo

Song
[song]
canción
It's a beautiful song
Es una canción bonita

Soup
[sup]

sopa
This soup is too hot
Esta sopa está muy caliente

to Speak
[tu spik]

hablar
I speak french very well
Hablo muy bien el francés

Spider
[spáider]

araña
Look at that spider on the wall!
¡Mira esa araña en la pared!

Spoon
[spun]

cuchara
I'm eating the dessert using a spoon
Estoy comiendo el postre con una cuchara

Squirrel
[scuírrel]

ardilla
The squirrel has a long tail
La ardilla tiene la cola larga

Stairs
[sters]

escalera
I fell down the stairs
Me caí de las escaleras

Star
[star]

estrella
There are a lot of stars in the sky
Hay un montón de estrellas en el cielo

starfish
[stárfish]

estrella de mar

**a
b
c
d
f
g
h
i
j
k
l
m
n
o
p
q
r
s
t
u
v
w
x
y
z**

to Start
[tu start]
comenzar
We can start a new game
Podemos empezar un nuevo juego

Station
[stéishon]
estación
There are a lot of trains in the station
Hay una gran cantidad de trenes en la estación

to Stop
[tu stop]
parar/detener
Stop here please!
¡Deténgase aquí, por favor!

Strawberry
[stróuberri]
fresa
The strawberry is a delicious fruit
La fresa es una fruta deliciosa

Street
[strit]
calle/vía
There is a phone box on the street
Hay una cabina telefónica en la calle

to Study
[tu stádi]
estudiar
I have to study English today
Hoy tengo que estudiar inglés

Sugar
[shúgar]
azúcar
I put sugar in my coffee
Pongo azúcar en mi café

Sun
[san]
sol
The sun is shining in the sky
El sol está brillando en el cielo

98

Soup
[sup]

sopa
This soup is too hot
Esta sopa está muy caliente

to Speak
[tu spik]

hablar
I speak french very well
Hablo muy bien el francés

Spider
[spáider]

araña
Look at that spider on the wall!
¡Mira esa araña en la pared!

Spoon
[spun]

cuchara
I'm eating the dessert using a spoon
Estoy comiendo el postre con una cuchara

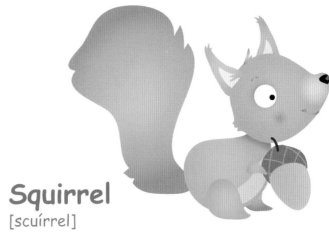

Squirrel
[scuírrel]

ardilla
The squirrel has a long tail
La ardilla tiene la cola larga

Stairs
[sters]

escalera
I fell down the stairs
Me caí de las escaleras

Star
[star]

estrella
There are a lot of stars in the sky
Hay un montón de estrellas en el cielo

starfish
[stárfish]

estrella de mar

to Start
[tu start]

comenzar
We can start a new game
Podemos empezar un nuevo juego

Station
[stéishon]

estación
There are a lot of trains in the station
Hay una gran cantidad de trenes en la estación

to Stop
[tu stop]

parar/detener
Stop here please!
¡Deténgase aquí, por favor!

Strawberry
[stróuberri]

fresa
The strawberry is a delicious fruit
La fresa es una fruta deliciosa

Street
[strit]

calle/vía
There is a phone box on the street
Hay una cabina telefónica en la calle

to Study
[tu stádi]

estudiar
I have to study English today
Hoy tengo que estudiar inglés

Sugar
[shúgar]

azúcar
I put sugar in my coffee
Pongo azúcar en mi café

Sun
[san]

sol
The sun is shining in the sky
El sol está brillando en el cielo

Swan
[suon]

cisne
There is a
swan on
the lake
Hay un
cisne en el
lago

Sweet
[suit]
dulce
This cupcake is
very sweet
Esta magdalena
está muy dulce

to Swim
[tu suim]

nadar
I can swim very well
Puedo nadar muy bien

Saint Patrick's Day

El día de san Patricio se celebra
el 17 de marzo en honor del patrón de
Irlanda. Esta fiesta se introdujo en
el calendario a principios del siglo XVII
y actualmente se celebra en casi todo
el mundo. Para la ocasión, distintas
ciudades recuerdan a Irlanda y su
color verde: la comida, la ropa y
los adornos se eligen en ese color
y representan el trébol, el famoso
símbolo de Irlanda, que por supuesto,
¡es verde!

T

Table
[téibol]
mesa
There is a mixer on the table
Hay una batidora en la mesa

Teacher
[tícher]
profesor/maestro
My teacher is very strict
Mi profesora es muy estricta

Tailor
[téilor]
sastre
A tailor can make a dress
Un sastre puede hacer un vestido

Teddy bear
[tédi ver]
osito de peluche
My teddy bear is always with me
Mi osito de peluche está siempre conmigo

Tea
[ti]
té
Would you like a cup of tea?
¿Te apetece una taza de té?

Telephone
[télefoun]
teléfono
Can I use your telephone?
¿Puedo usar tu teléfono?

Television
[televísion]
televisión
Switch off the television!
¡Apaga la televisión!

Theatre
[ciáter]
teatro
We go to the theatre every week
Vamos al teatro cada semana

to Think
[tu cink]
pensar
I'm thinking of you
Estoy pensando en ti

Tiger
[táiguer]
tigre
The tiger is sleeping
El tigre está durmiendo

Time
[táim]
tiempo/hora
I don't have time for a snack
No tengo tiempo para la merienda

Tired
[táird]
cansado
I'm too tired to walk
Estoy demasiado cansado para caminar

Toaster
[tóuster]
tostador
I'm using the toaster to make a sandwich
Estoy utilizando el tostador para hacerme un sándwich

Toe
[tóu]
dedo del pie
My toe is turning red
Mi dedo del pie se está poniendo rojo

Together
[tuguéder]
juntos
We can play together
Podemos jugar juntos

Toilet
[tóliet]
inodoro
The toilet paper is near the toilet
El papel higiénico está cerca del inodoro

Tomato
[tomátou]
tomate
I am preparing a tomato sauce
Estoy preparando una salsa de tomate

Tongue
[tang]
lengua
The tongue is in the mouth
La lengua está en la boca

Tooth
[tuz]
diente
I lost a tooth!
¡He perdido un diente!

Atención al plural:
Teeth [tiz]
dientes

Tourist
[túrist]
turista
The tourist is visiting the city
El turista está visitando la ciudad

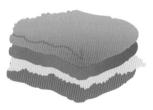

Towel
[táuel]
toalla
The towels are in the bathroom
Las toallas están en el cuarto de baño

Tower
[táuer]
torre
That is the tallest tower
of the castle
Esa es la torre más alta
del castillo

Toy
[toi]
juguete
The train is my favourite toy
El tren es mi juguete favorito

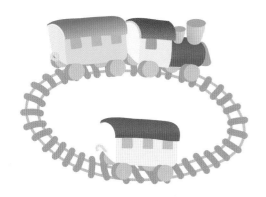

Traffic light
[tráfic lait]
semáforo
There is a traffic light on
the street
Hay un semáforo en la
calle

Tower of London

La Tower of London (Torre de Londres)
es una fortaleza medieval construida
entre 1066 y 1087. Guillermo el
Conquistador, duque de Normandía, la
hizo construir como símbolo de poder de
los normandos, que en 1066
se hicieron con el trono de
Inglaterra. El complejo
está formado por varios
palacios de distinta
forma y grandeza,
construidos a lo
largo de los
siglos en
torno a la
«White
Tower».

La grandiosa White Tower (torre
blanca) se construyó en piedra como
torre de defensa. Con el paso del
tiempo, el complejo se enriqueció con
los nuevos palacios, muros y fosos que
ordenaban construir los reyes y se
utilizó como palacio real, fortaleza y
prisión.
La torre es famosa por los cuervos que
la habitan. Cuenta la leyenda que si los
cuervos abandonasen la torre, sería el
fin de la monarquía inglesa.
Actualmente hay siete cuervos,
atendidos por un cuidador, que
comparten la fortaleza, según dicen, con
los fantasmas y espíritus de los antiguos
prisioneros de la Torre de Londres.

Train
[trien]

tren
I'm going to London by train
Voy a Londres en tren

Treasure
[tréshar]

tesoro
The treasure is full of gold coins
El tesoro está lleno de monedas de oro

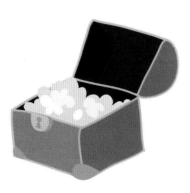

Tree
[tri]
árbol
A bush is growing under the tree
Está creciendo un arbusto bajo el árbol

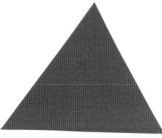

Triangle
[traiánguel]

triángulo
The triangle has three sides
El triángulo tiene tres lados

Trolley
[tróli]

carro
I put the bottles in the trolley
Puse las botellas en el carro

Trousers
[tráusers]

pantalones
I have a new pair of trousers
Tengo unos pantalones nuevos

Trumpet
[trámpet]

trompeta
I play the trumpet in an orchestra
Toco la trompeta en una orquesta

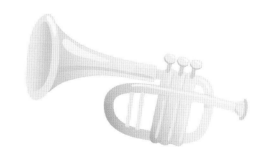

T-shirt

[tíshert]

camiseta

I'm wearing a blue t-shirt

Estoy usando una camiseta azul

Turkey

[térki]

pavo

Turkeys live in farms

Los pavos viven en granjas

Turtle

[tártl]

tortuga

I have three little turtles

Tengo tres tortugas pequeñas

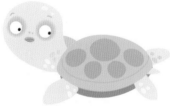

Twin

[tuin]

gemelo

My twin is like me

Mi gemela es como yo

Thanksgiving day

Thanksgiving Day, es decir, el Día de Acción de Gracias, es una fiesta de origen histórico que se celebra en Estados Unidos el cuarto jueves de noviembre y en Canadá el segundo lunes de octubre. En este día se da gracias por todo lo recibido durante el año. Sus orígenes se remontan a 1621, cuando un grupo de peregrinos ingleses desembarcó en la ciudad de Plymouth, Massachusetts, y encontró un territorio selvático y hostil.

A pesar del terreno arduo y el frío del invierno, en primavera la cosecha fue fructuosa y los peregrinos consagraron un día de agradecimiento por lo que les había sido dado.

En 1863 Abraham Lincoln proclamó la celebración del Día de Acción de Gracias y en 1941, el Congreso de los Estados Unidos de América lo proclamó fiesta nacional.

Los americanos lo celebran reuniéndose con la familia para comer lo mismo que los peregrinos en aquel lejano día de 1621: pavo asado, calabaza, maíz, fruta y verdura.

a b c d e f g h i j k l m n o p q r s t u v w x y z

Numbers
Números

1 One
2 Two
3 Three
4 Four
5 Five
6 Six
7 Seven
8 Eight
9 Nine
10 Ten
11 Eleven
12 Twelve
13 Thirteen
14 Fourteen
15 Fifteen
16 Sixteen
17 Seventeen
18 Eighteen
19 Nineteen
20 Twenty
30 Thirty
40 Fourty
50 Fifty
60 Sixty
70 Seventy
80 Eighty
90 Ninety
100 one Hundred
1000 one Thousand

The week   La semana

1
Monday
[màndi]
lunes

2
Tuesday
[tiùzdi]
martes

3
Wednesday
[uènzdi]
miércoles

4
Thursday
[thérzdi]
jueves

5
Friday
[fràidi]
viernes

6
Saturday
[sèterdi]
sábado

7
Sunday
[sàndi]
domingo

It is ten to twelve
son las doce
menos diez

It is a quarter
past twelve
son las doce
y cuarto

It is half past ten
son las diez
y media

It is ten past
twelve
son las doce
y diez

U

Ugly
[ágli]
feo
I like the tale of The Ugly Duckling
Me gusta el cuento del Patito Feo

to Understand
[tu anderstánd]
entender/comprender
Do you understand my language?
¿Entiendes mi idioma?

Umbrella
[ambréla]
paraguas
Take the umbrella; today is a rainy day!
¡Toma el paraguas; hoy es un día lluvioso!

Unfortunately
[anfórtunatli]
desafortunadamente
Unfortunately, I lost my pencil
Desafortunadamente, perdí mi lápiz

University
[iunivérsiti]
universidad
My university is in a yellow building
Mi universidad está en un edificio amarillo

Under
[ánder]
bajo
(preposición)
The cat is under the chair
El gato está debajo de la silla

Untidy
[antáidi]
desordenado
Your room is untidy
Tu habitación está desordenada

Up
[ap]
arriba
The balloons are flying up
Los globos vuelan hacia arriba

to Use
[tu ius]
usar
I'm using the vacuum cleaner
Estoy usando la aspiradora

Usually
[yúsuali]
habitualmente
I usually go to school by bus
Habitualmente voy al colegio en autobús

Inglaterra

Escocia

Irlanda

Union Jack

Union Jack es el nombre con el que se denomina comúnmente la bandera del Reino Unido, que comprende Inglaterra, Escocia e Irlanda del Norte. La bandera está formada por la Cruz de san Jorge (insignia de Inglaterra), la Cruz de san Andrés (insignia de Escocia) y la Cruz de san Patricio (insignia de Irlanda). La Union Jack no incluye la bandera galesa porque Gales ya formaba parte del reino de Inglaterra desde el siglo XIII.

V

Vampire
[vámpaier]

vampiro
The vampire is very scary
El vampiro es aterrador

Vanilla
[vaníla]

vainilla
I like vanilla ice-cream very much
Me gusta mucho el helado de vainilla

Vegetable
[véyetebol]

verdura
Vegetables are important for health
Las verduras son importantes para la salud

Ventilator
[véntileitor]

ventilador
A ventilator can be useful during the summer
Un ventilador puede ser útil en verano

Very
[véri]

mucho
You are very tall
Eres muy alto

Village
[vílich]

pueblo
That village has small houses
Ese pueblo tiene casas pequeñas

Vinegar
[vínegar]
vinagre
I don't like vinegar in the salad
No me gusta el vinagre en la ensalada

Violin
[vaiolín]
violín
I can't play the violin
Yo no puedo tocar el violín

to Visit
[tu visit]
visitar
We like to visit different cities of our Country
Nos gusta visitar diferentes ciudades de nuestro país

Voice
[vóis]
voz
You have a beautiful voice
Tienes una voz preciosa

Volcano
[volkéino]
volcán
There is a volcano on this island
En esta isla hay un volcán

Volleyball
[vólibol]
voleibol
I play volleyball in a team
Juego al voleibol en un equipo

W

to Wait
[tu uéit]

esperar
I'm waiting for the doctor
Estoy esperando al médico

Waiter
[uéiter]

camarero/mesero
The waiter brings us the drinks
El camarero nos trae las bebidas

Waitress
[uéitres]

camarera

to Wake up
[tu uéik ap]

despertarse
I wake up at 8 o'clock every morning
Yo me despierto a las 8 en punto todas las mañanas

to Walk
[tu uok]

andar/ caminar
I am walking in the park
Estoy caminando en el parque

Wall
[uol]

muro
There's a portrait on the wall
Hay un retrato en el muro

Wallet
[uólet]

billetera
I have some money in my wallet
Tengo algo de dinero en mi billetera

to Want
[tu uont]

querer
Do you want some orange juice?
¿Quieres un poco de zumo de naranja?

Wardrobe
[uórdrob]

armario
I have a lot of clothes in my wardrobe
Tengo mucha ropa en mi armario

to Wash
[tu uash]

lavar
I'm washing my clothes
Estoy lavando mi ropa

to Watch
[tu uotch]

mirar
She is watching the television
Ella está viendo la televisión

Water
[uóta]

agua
Would you like a glass of water?
¿Quieres un vaso de agua?

Way
[uei]

camino
This is the way to reach the mountain
Este es el camino para llegar a la montaña

to Wear
[tu uer]

vestir
I'm wearing a green swimming suit
Estoy vestida con un bañador verde

Weather
[uéda]

tiempo/clima
The weather is nice today
El clima está agradable hoy

Week
[uik]

semana
This is the end of the week
Este es el fin de la semana

Welcome
[uélcam]

bienvenido
Welcome to my house!
¡Bienvenido a mi casa!

Whale
[ueil]

ballena
The whale is a huge animal
La ballena es un animal enorme

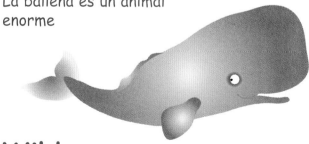

Wild
[uáild]

salvaje
The panther is a wild animal
La pantera es un animal salvaje

Wind
[uind]

viento
There is a strong wind
Hay un fuerte viento

Window
[uíndou]

ventana
I see a tree from my window
Veo un árbol desde mi ventana

Winner
[uíner]

campeón/ganador
I'm the winner!
¡Soy el ganador!

Witch
[uitch]

bruja
The witch flies in the sky
La bruja vuela en el cielo

Wolf
[vulf]
lobo
There is a wolf in the forest
Hay un lobo en el bosque

to Write
[tu vrait]
escribir
I'm writing in my diary
Estoy escribiendo en mi diario

Wood
[vud]
madera
This chair is made out of wood
Esta silla está hecha de madera

to Work
[tu uok]
trabajar
I work in a supermarket
Yo trabajo en un supermercado

World
[uorld]
mundo
You are the best in the world
Eres el mejor del mundo

Welsh Corgi Pembroke

El Welsh Corgi Pembroke es una raza de perro de origen británico, de la zona de Pembrokeshire, en Gales.
El Corgi es un perro pastor nato, por su carácter vivaz, astuto y muy tranquilo.
La raza se hizo «famosa» en 1933, cuando el que sería Jorge VI regaló un cachorro de Corgi a su hija Isabel, al que llamaron Dookie y al que siguieron muchos más.
Desde entonces, los británicos y mucha gente llaman a los Welsh Corgi «los perros de la reina».
Los Corgi de la reina Isabel tienen un «cocinero personal» que les prepara comidas frescas y de calidad. El personal que los cuida y mima está elegido expresamente por la familia real.

a b c
g h i j k l m n o p q r s t u v w x y z

X, Y, Z

X-ray
[éx-rei]
radiografía
I had an x-ray done
at the hospital
Me hicieron una
radiografía en
el hospital

Xylophone
[sáilofoun]
xilófono
Do you know what
a xylophone is?
¿Sabes lo que es
un xilófono?

Year
[yíar]
año
We will go to America this year
Este año iremos a América

Yes
[ies]
sí
Yes, please
Sí, por favor

Yesterday
[iésterdei]
ayer
Yesterday I went to
the swimming pool
Ayer fui a la piscina

Yoghurt
[yógot]
yogur
I eat a yoghurt every
morning
Yo como un yogur todas
las mañanas

Yolk
[iolk]

yema de huevo
This is the yolk of the egg
Esta es la yema del huevo

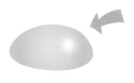

Young
[iong]

joven
You are too young to drive a car
Eres demasiado joven para conducir un coche

Zebra
[síbra]

cebra
The zebra is black and white
La cebra es de color negro y blanco

Zebra crossing
[síbra crósin]

paso de cebra
You have to cross the street using the zebra crossing
Tienes que cruzar la calle por el paso de cebra

Zero
[sírou]

cero
The number zero is similar to the letter "O"
El número cero se parece a la letra «O»

Zoo
[su]

zoo
We like going to the zoo
Nos gusta ir al zoo

a b c d e f g h i j k l m n o p q r s t u v w x y z

I speak English
Hablo inglés

Hi!
¡Hola!

This is my favourite song
Esta es mi canción favorita

Happy Birthday!
¡Feliz cumpleaños!

I like pizza very much!
¡Me gusta mucho la pizza!

What's the time?
¿Qué hora es?

Good morning!
¡Buenos días!

How old are you?
¿Cuántos años tienes?

Nice to meet you!
¡Encantada de conocerte!

I am seven years old
Tengo siete años

118

What's your name?

¿Cómo te llamas?

My name is George

Me llamo Jorge

Good night!

¡Buenas noches!

How much is it?

¿Cuánto cuesta?

Where are you from?

¿De dónde eres?

Have a nice day!

¡Que tengas un buen día!

I am very hungry!

¡Tengo mucha hambre!

How are you?

¿Cómo estás?

See you soon!

¡Nos vemos pronto!

Can I help you?

¿Te puedo ayudar?

Bye bye

Adiós